TROISIÈME VENTE DE M. L. JOLY

Vente du Jeudi 26 Janvier 1911

HOTEL DROUOT — SALLE N° 7

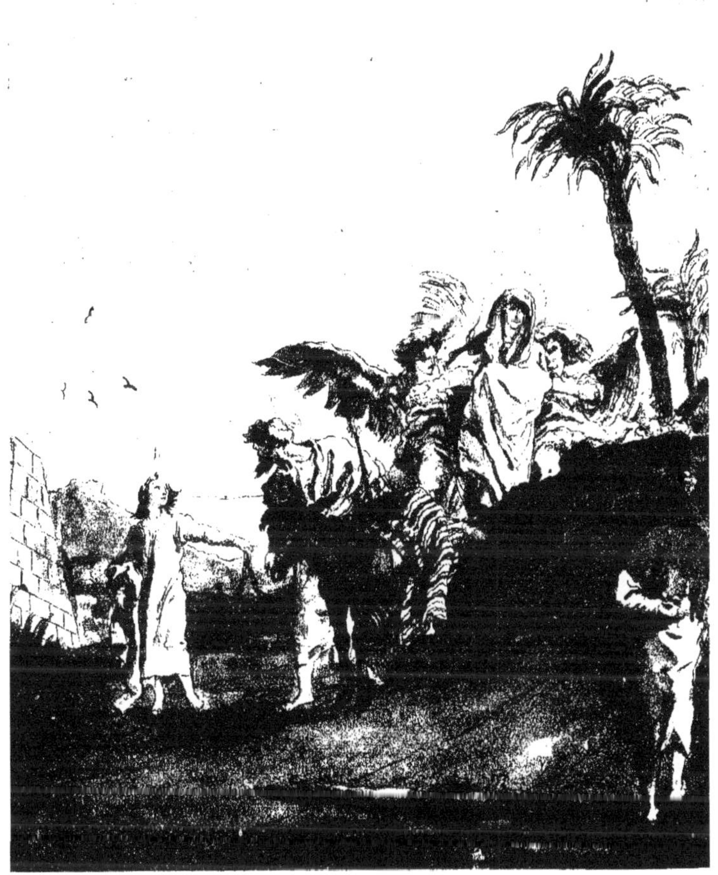

N° 174 du Catalogue.

DESSINS ANCIENS

Me ANDRÉ DESVOUGES M. LOYS DELTEIL

FRAZIER-SOYE

GRAVEUR-IMPRIMEUR

153-157, RUE MONTMARTRE

PARIS

CATALOGUE

DES

DESSINS

ANCIENS

Composant la troisième Vente de M. L. JOLY

Dont la vente aura lieu

à Paris, HOTEL DROUOT, Salle N° 7

Le Jeudi 26 Janvier 1911

à 2 heures précises

Par le Ministère de Me ANDRÉ DESVOUGES,

COMMISSAIRE-PRISEUR

26, Rue de la Grange-Batelière

Assisté de M. LOYS DELTEIL, Artiste-Graveur, Expert

2, Rue des Beaux-Arts

CONDITIONS DE LA VENTE

Elle sera faite au comptant.

Les adjudicataires paieront *dix pour cent* en sus des enchères.

M. Loys Delteil remplira les commissions que voudront bien lui confier les amateurs ne pouvant y assister.

MM. les amateurs pourront visiter la collection, 2, *rue des Beaux-Arts*, du Lundi 23 au Mercredi 25 Janvier 1911.

Le Peintre-Graveur Illustré

(XIXe & XXe SIÈCLES)

par LOYS DELTEIL

OUVRAGE HONORÉ D'UNE SOUSCRIPTION DU MINISTÈRE DE L'INSTRUCTION PUBLIQUE ET DES BEAUX-ARTS

VIENT DE PARAITRE :

TOME VI consacré à

RUDE, BARYE, CARPEAUX et RODIN

contenant la biographie des Maîtres,

et le

Catalogue raisonné de leur œuvre gravé et lithographié

avec la reproduction

de toutes les planches décrites.

1 volume in-4°, orné des portraits de RUDE, de BARYE, de CARPEAUX, de RODIN, et de 50 *fac-simile*.

Tirage :

40 exemplaires de luxe, sur japon. . . . 40 francs
350 — . . . . 16 —

A partir du 15 mars prochain, les exemplaires sur japon seront portés à 50 francs et les exemplaires ordinaires à 20 fr.

DÉSIGNATION

AMMAN (Jobst) ?

1. Joueur de Flûte. A la plume, lavé de bistre.
H. 150. L. 117.

AUBLÉ

2. Portrait de la Belle-Mère du dessinateur. Signé et daté : 1775. Crayon, sanguine et plume.
H. 185. L. 210.

BARGAS (A. F.) ?

3. Scènes Militaires. Deux dessins à la sépia avec rehauts de blanc, sur papier foncé.

BEGA (Cornelis)

4. Paysanne. Crayon avec rehauts de blanc. Signé.
H. 305. L. 165.

BERGHEM (d'après N.)

5. Pastorales. Deux dessins, un rehaussé d'aquarelle.

BLÖMEN (Norbert Van)

6. Lot et ses Filles. Crayon noir avec rehauts de blanc. Signé N. V. B.
H. 288. L. 235.

BOIZOT

7. L'Amour. A l'encre de chine.
H. 319. L 212.

BOUCHARDON (Edme)

8. Étude de Figure. Sanguine.
H. 240. L. 160.

BOUCHER (École de F.)

9. Vénus et les Amours. Aux trois crayons.
L. 327. H. 232.

BOUCHER (d'après F.)

10. L'Amour offrant la pomme d'or à Vénus. Sanguine.

11. Groupe d'Amours. Crayon et sanguine.

12. La Chasse au lion. Sanguine.

BRANDI (Giacinto)

13. Sujet allégorique. Plume et sépia.
L. 320. H. 230.

BRIZZIO

14. Un Ange. Plume et bistre.
H. 260. L. 180.

CANGIAGE (le)

15. Combat singulier. Plume et sépia.
L. 275. H. 157.

CARESME (d'après Ph.)

16. Satyres et Bacchantes. Crayon et sanguine.

CARRACHE (d'après Annibal)

17. Aurore enlevant Céphale. A la plume, lavé d'encre de Chine.

CASSAS (L. F.)

18. Les Pêcheurs. Plume et sépia, Signé et daté (1774). (épidermures).

CAZENAVE

19. Henri IV se séparant de Gabrielle d'Estrées. Sépia. Signée. L. 335. H. 260.

CHABRILLAC (C.)

20. Études et sujets divers, 30 dessins et croquis réunis en 1 alb. in-4 cart.

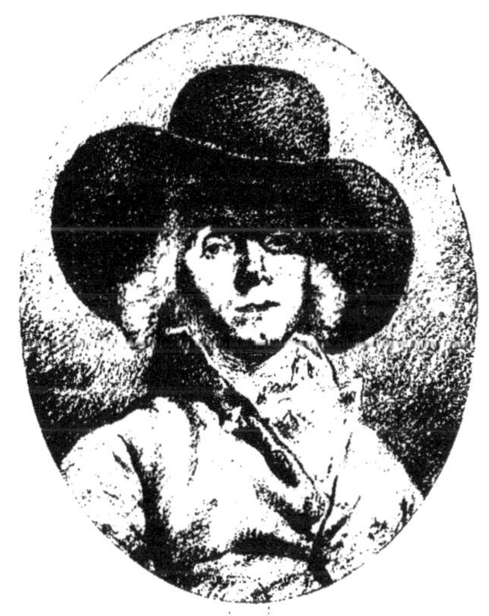

N° 36 du Catalogue.

CLERISSEAU (C. L.)

21. Ruines antiques. Plume et encre de chine, avec rehauts de blanc. Signé. H. 215. L. 230.

22. Ruines à Palestrina. A la sépia. L. 360. H. 255.

COSTUMES

23. Costumes de théâtre (XVIIIe siècle), 5 dessins aquarellés.

24. Costumes de théâtre, 127 dessins en majorité relevés d'aquarelle et réunis en 1 alb. in-4° obl. cart.

DAVID (École de Louis)

25. Marat mort. Crayon noir avec rehauts de blanc.
L. 515. H. 405.

26. Portrait d'un Conventionnel ? Aux trois crayons.
H. 425. L. 345.

D'AGRAIN

27. La Fayette en prison consolant sa famille. Mine de plomb. Légende en vers. Signé.
H. 205. L. 150.

DESRAIS (C. L.)

28. La Folie couronnée — L'Amour fustigé. Deux dessins à la plume, lavis de bistre et rehauts de blanc. Signés et datés : 1773.

DIOT

29. St-Euterpe, à Orléans, 1810. Aquarelle rehaussée de gouache. Signée.
L. 370. H. 245.

DIVERS

30. La Barque. Aquarelle.
L. 372. H. 267.

31. Deux Trompe-l'œil (fin du XVIIIe siècle).

32. Gros Temps — Les Pêcheurs — Dans le Parc. Trois dessins et aquarelles.

33. Personnage assis, par Moitte — Le Janissaire polonois, d'après Le Prince — Bataille — Personnage contemplant un peintre. Quatre dessins.

34. Les Gâteaux (époque de la Restauration). A l'encre de chine, rehaussé d'aquarelle.
H. 270. L. 192.

35. Portraits charges (XVIIIe siècle). Sept dessins à l'encre de chine.

DUCREUX (Joseph) ?

36. Portrait d'Homme. Sanguine et crayon brun. De forme ovale.

H. 143. L. 117.

ÉCOLES ANCIENNES

37. Buste de vieille. Aux trois crayons,

H. 435. L. 375.

38. Jeune Femme en pied tenant un miroir sur un autel. A la plume.

H. 290. L. 200.

39. Paysages ornés de Ruines. Deux dessins à l'encre de chine.

40. Martyre de St-Laurent — Amour tenant une Pomme — Trois Anges portant des bannières. Trois dessins.

41. Ecce Homo — Études de figures. Deux dessins à la plume.

42. Monstre marin (École Italienne) — Paysage (École Hollandaise). Deux dessins.

43. St-Thomas — Abraham renvoyant Agar. Deux dessins à la plume, l'un lavé de sépia.

44. Jésus au Jardin des Oliviers — Bacchus et Ariane — Le Peseur d'or. Trois dessins.

45. Sujets religieux. Trois dessins attr. à Baroche, à L. Bono, etc.

46. La Chute des Anges Rebelles (attr. à P. Testa) — Ignace de Loyola ? Jésus au Jardin des Oliviers. Trois dessins.

47. Sujets divers. Quatre dessins attribués au Cangiage, L. Giordano, etc,

48. Sujets religieux. Cinq dessins.

49. Sujets divers. Six dessins.

50. Sujets divers. Sept dessins.

51. Sujets divers. Six dessins.

ECOLES FLAMANDE ET HOLLANDAISE

52. Sujet mythologique. Plume et encre de chine.
L. 270. H. 190.

53. Composition architecturale. Plume et encre de chine. De forme ovale.
H. 270. L. 200.

54. Le Prince Charmant. Plume et sépia.
L. 365. H. 250.

55. Décoration architecturale. Plume et encre de chine, avec rehauts d'aquarelle.
L. 315. H. 298.

56. Le Cavalier demandant son chemin. A la plume, rehaussé d'aquarelle.
H. 378. L. 320.

57. Diane et ses Nymphes surprises par un satyre. Sépia.
L. 358. H. 225.

ECOLE FRANÇAISE (XVIIe siècle)

58. Portrait de Femme. Sanguine. De forme ovale.
H. 320. L. 242.

58 *bis*. Sujet scatologique, accompagné d'une légende. A la sanguine.
L. 270. H. 230.

ECOLE FRANÇAISE (XVIIIe siècle)

59. Bacchanale. Sanguine.
L. 520. H. 325.

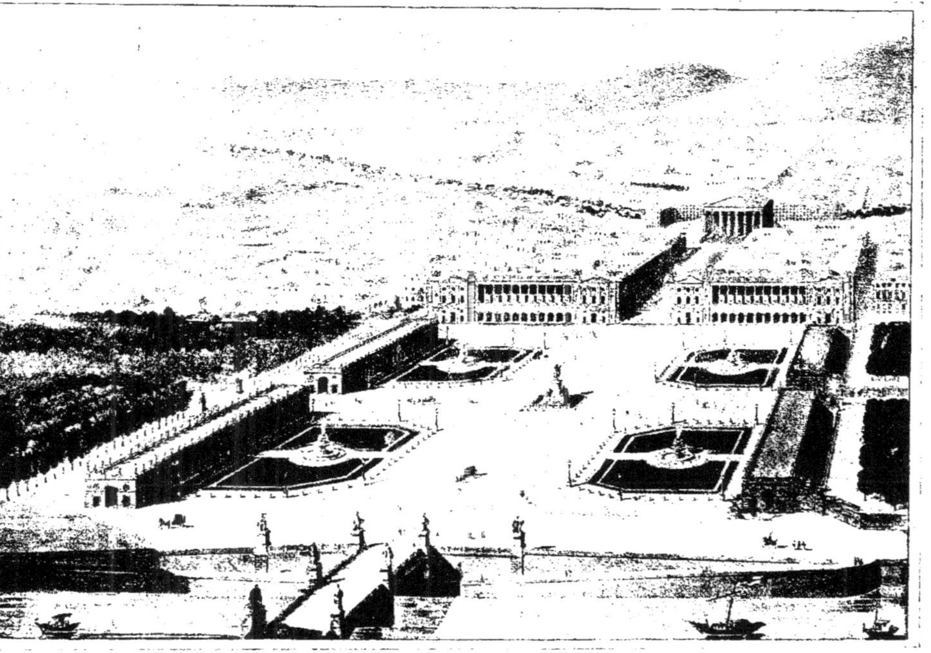

N° 60 du Catalogue.

60. Paris : la Place Louis XV (ou de la Concorde). Important dessin à la plume, lavé d'aquarelle.
L. 480. H. 338.

61. Les Amants. Plume et sépia.
L. 146. H. 108.

62. Groupe d'Amours, motif de plafond. Plume et encre de chine.
L. 260. H. 245.

63. Femme couchée et amour. Sanguine.
L. 505. H. 360.

64. Vue prise à Buffon. Sanguine.
L. 180. H. 140.

65. Jeune Femme tenant une guirlande de fleurs. Crayon avec rehauts de craie.
H. 340. L. 248.

66. Les Barques à voiles. Encre de chine, avec rehauts d'aquarelle.
L. 375. H. 225.

67. L'Intrigue. Aquarelle.
H. 143. L. 103.

68. La Chapelle dans le Parc. A la plume.
L. 165. H. 100.

69. Site d'Italie. Dessin aquarellé.
L. 325. H. 207.

70. Buste de Fillette. Crayon noir avec légers rehauts de blanc.
H. 290. L. 205.

71. Danse d'Amours. Crayon noir avec rehauts de blanc. De forme ovale.
H. 323. L. 250.

72. Hommage au dieu Terme. Plume et sépia.
H. 400. L. 270.

73. Pastorale. Crayon et sépia.
L. 230. H. 095.

74. Mausolée d'un Prélat. A l'encre de chine avec rehauts de blanc.
H. 448. L. 240.

75. Coin de Parc. Plume et sépia.
L. 192. H. 122.

76. Scène populaire. Plume et encre de chine.
L. 230. H. 163.

77. Tarquin et Lucrèce. Plume et sépia.
H. 172. L. 150.

78. Bethsabée. Sépia.

79. Paysages. Trois aquarelles.

80. Intérieur d'un Parc. Deux aquarelles formant pendants.

81. Sacrifice à Cérès. Sanguine.
L. 375. H. 370.

82. Louis XV visitant la fonderie de Sèvres? Encre de chine avec rehauts.
L. 270. H. 205.

83. Portrait supposé de la Reine Marie-Antoinette. Aquarelle de forme ovale.
H. 335. L. 265.

ÉCOLE FRANÇAISE (débuts du XIXe siècle)

84. L'Homme enchaîné, par l'Amour. Sépia avec rehauts de blanc.
H. 265. L. 210.

85. Portrait de femme au capuchon. Crayon noir.
H. 185. L. 160.

86. Les Ruines antiques. Encre de chine avec légers rehauts.
H. 580. L. 357.

87. Portrait de l'artiste à son chevalet. Crayon noir.
H. 370. L. 287.

88. Jeune Femme assise dans un Parc. Crayon noir.
H. 420. L. 275.

89. Portrait de femme en bonnet. Crayon noir.
H. 200. L. 145.

90. Portrait de Mme Misbach, née Gehmer. Crayon et encre de chine.

H. 190. L. 123.

ECOLE HOLLANDAISE (XVIe siècle)

91. Un Singe contemplant une femme déshabillée. Encre de chine sur vélin.

H. 200. L. 145.

92. Ruines antiques. Plume et encre de chine.

L. 275. H. 190.

ECOLE ITALIENNE (XVIe siècle)

93. Le Christ sur les genoux de Dieu le Père. Crayon et bistre.

H. 318. L. 217.

94. Apollon, attribué à Salviati. Plume et encre de chine.

H. 197. L. 134.

ÉCOLE ITALIENNE (XVIIe siècle)

95. Apollon et Daphné — Études de trois personnages. Deux sépias.

96. La Mise au Tombeau. A la sépia, avec rehauts de blanc.

H. 380. L. 265.

97. Le Massacre des Innocents. Plume et sépia.

L. 260. H. 185.

98. St Georges tuant le dragon. Sanguine.

H. 255. L. 175.

ÉCOLE ITALIENNE (XVIIIe et XIXe siècles)

99. Triomphe de Flore. Plume et lavis de bleu. A été mis au carreau.

H. 330. L. 222.

100. Portrait d'une Musicienne dans un encadrement orné. Crayon légèrement rehaussé.

H. 200. L. 145.

FRANÇOIS (Henri J.)

101. L'Artiste et sa Famille. A l'encre de chine. Signé.
H. 395. L. 295.

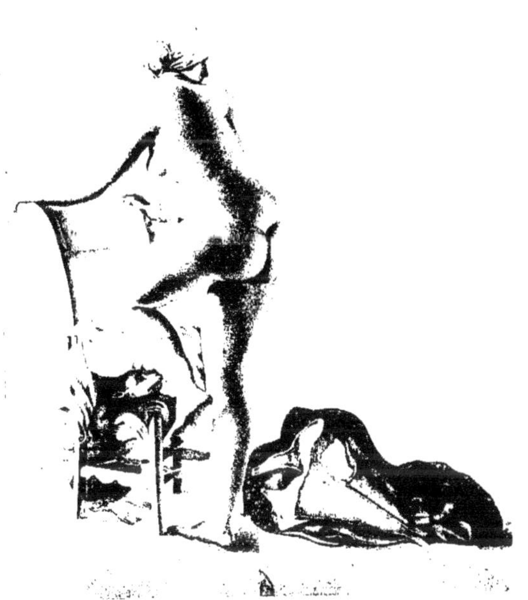

N° 91 du Catalogue.

GAGNEREAUX (Benigne)

102. Portrait de Collinet. Crayon noir avec rehauts de blanc. Dédicace.
H. 220. L. 160.

GENGEMBRE (Zéphirin)

103. Études de figures et d'animaux, 44 dessins et croquis réunis en un album in-8 obl.

GOUACHES

104. *En 1772 le Sr Duhamel reçoit l'ordre de...? des mains du nonce du Pape...* — Un Concert. Deux gouaches se faisant pendants.

105. Le Passage du gué.
L. 127. H. 103.

106. Le Portique en ruines.
L. 280. H. 220.

107. Clair de lune — Soirée d'Hiver. Deux gouaches se faisant pendants.
L. 430. H. 380.

108. Paysage d'Italie.
H. 178. L. 174.

GREUZE (attribué à J. B.)

109. Tête de vieille Femme. Sanguine.
H. 205. L. 160.

GUIDE (École du)

110. David tenant la tête de Goliath. Sépia.
H. 310. L. 210.

HUET (d'après J. B.)

111. Cour de Ferme. Crayon noir.
L. 297. H. 220.

JEAURAT (E.) ?

112. Portrait de Femme. Sanguine.
H. 290. L. 212.

JOUVENET (Jean)

113. Sujet mythologique. Crayon avec rehauts de blanc. A été mis au carreau.
H. 425. L. 350.

KRAUSS (G)?

114. Les Patineurs. A la plume. Signé.
H. 239. L. 214.

KRAUS (d'après)

115. L'Agréable entente. Crayon noir.
H. 320. L. 245.

LA FAGE (R.)?

116. Le Serpent d'airain — La Cène. Deux dessins.

LAGRENÉE (J. J. F.)

117. La Chute de Phaéton. Plume et sépia.
H. 290. L. 228.

118. La Beauté couronnée. A l'encre de chine, de forme ovale.
L. 127. H. 096.

LA RUE

119. Les Amours bucherons. Crayon et sépia.
L. 258. H. 085

LÉLU (Pierre)

120. Vase orné. Plume et sépia. Signé et daté : 1769.
L. 155. H. 117.

LEONE (G.)

121. Paysage. Plume et lavis de rouge. Signé.
L. 240. H. 190.

LE SUEUR (G.)

122. Cour de Ferme. Crayon noir. Signé et daté : 1817.
L. 340. H. 240.

LE SUEUR (L.)

123. Le Pêcheur à la ligne. Crayon et sépia. Signé et daté : 1775.
L. 410. H. 255.

LE SUEUR (École d'Eustache)

124. St Bruno en prière. Sanguine et contre-épreuve. Deux dessins.

H. 565. L. 355.

LOUTHERBOURG (P. J. de) ?

125. Le Berger et son Troupeau. Crayon noir sur papier blanc avec rehauts de blanc.

L. 482. H. 236.

MALLET (J. B.) ?

126. Vénus dans un char traîné par des colombes. Gouache.

H. 190. L. 150.

MAROT (Daniel)

127. Fontaine Monumentale. Plume et encre de chine, rehaussé d'aquarelle. Signé.

L. 440. H. 272.

MARTINI (P.) — CASANOVA (F.)

128. Allégorie — Etude de cavaliers. Deux dessins.

MINIATURE

129. Paris : la Tour de Nesle et la Cité au XVe siècle.

L. 505. H. 308.

MORAT (J.)

130. Environs de Zurich. Deux grandes gouaches, *signées.*

MOREAU (Louis)

131. Château de l'Evêque de Meaux, à Germigny-l'Evêque. Dessin rehaussé.

L. 218. H. 162.

NEVE (Francisque de)

132. Le Chemin conduisant à la mare. Signé. Plume et encre de chine.

L. 210. H. 150.

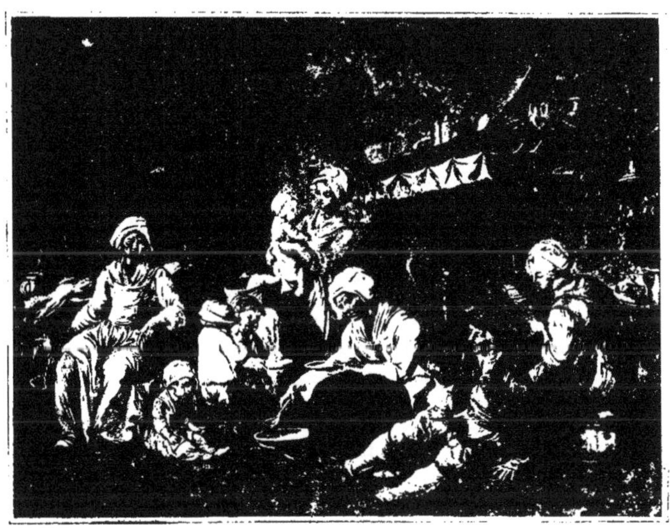

N° 154 du Catalogue.

ORNEMENTS (Dessins d')

133. Portique — Motif de cheminée — Motif de voussure. Trois dessins, plume et sépia (XVIe siècle).

134. Motifs de broderies, 17 dessins à la plume (XVIIe siècle).

135. Vases ornés, 7 dessins attribués à Polydore de Caravage, Lepautre, etc.

136. Décoration d'intérieur. A l'encre de chine. Signé : *Vicente de Ponte f.*

137. Motif d'ornementation, 12 juillet 1780. Signé : *J. D. Dugourc del 1780.*

138. Cartouche orné, pour un portrait (XVIIIe siècle). A la plume.

139. Projet de Frontispice pour un ouvrage sur l'Amérique ? A la plume.

140. Frise — Support — Coffret ? Trois dessins (XVIIe et XVIIIe siècles), plume et sépia.

141. Motifs d'attributs guerriers, 4 petits dessins à la plume, lavés de sépia.

142. Trophées de l'Agriculture. Deux dessins à la plume. lavés de sépia.

143. Ornements divers, 15 dessins (XVIIIe siècle).

144. Cartouches et fronton. Quatre dessins, encre de chine et sanguine.

145. Lustre — Décoration d'une Chapelle de la Vierge — Motif de cheminée. Trois dessins, plume et encre de chine.

146. Autels. Deux dessins à la plume, lavés d'encre de chine.

147. Deux 'Arabesques Louis XVI sur la même feuille (goût de Salembier). A la plume.

148. Décorations et motifs d'architecture, cinq dessins.

149. Diane, motifs de crosse de fusil — Fontaines. Trois dessins à la plume.

150. Motifs d'autel et de chaires — Ciboire — Brûle-parfum. Cinq dessins.

151. Frises et ornements divers. Neufs dessins.

152. Ornements divers. Six dessins de diverses époques.

OZANNE (attribué à)

153. Barques et vaisseaux, 41 dessins ou croquis, signés postérieurement des initiales J. V. (Joseph Vernet) en 1 alb. in-4° obl.

PARIZEAU (Ph. L.)

154. Ménage de Paysans. Plume et sépia rehaussée d'aquarelle. Signé et daté : 1774. (petites épidermures).

L. 425. H. 325.

155. Le Marché. Sanguine. Signée et datée : 1779.

L. 290. H. 185.

156. Les Petits Paysans. Sanguine. Signée et datée : 1779.

L. 290. H. 185.

157. Groupe de paysannes et d'enfants. Sanguine.

L. 292. H. 181.

158. Tullie fait passer son char sur le corps de son Père. Plume et sépia. Signé et daté : 1781.

L. 240. H. 140

PÉRIGNON (Nicolas) ?

159. Paysage de vaste étendue. Plume et sépia.

L. 230. H. 130.

PILLEMENT (J.) ?

160. Les Temples de verdure. Crayon.

L. 202. H. 122.

RECUEILS DE DESSINS

161. Sujets divers et Paysages. 26 aquarelles et dessins par F. Constant Leman, H. Monnier, etc., réunis en 1 alb. in-4° obl. cart. orné.

162. Sujets religieux, portrait et paysages, 32 dessins (à double face), réunis en 1 alb. in-4°. Ex-libris A. Piet.

163. Sujets divers, Portraits, Paysages, 42 aquarelles, sépias, crayons anciens et modernes, (y compris 3 gravures enluminées), réunis en 1 alb. in-4° obl.

164. Sujets divers et Paysages, 50 aquarelles et dessins par Francia, J. Collignon, L. Tesson, etc., en 1 alb. in-4° obl.

165. Sujets divers, Portraits et paysages, 70 aquarelles et dessins en 1 alb. in-4° obl. cart. orné.

RIDINGER (J. E.) ?

166. L'Attaque du repaire. Crayon noir.
L. 316. H. 275.

SABATELLI

167. La Mort d'Alexandre. Plume et sépia.
L. 200. H. 150.

SADELER (Raphaël)

168. Le Jugement dernier. Plume et encre de chine.
L. 380. H. 147.

SARRAZIN ?

169. Les Chaumières. Crayon noir.
L. 324. H. 191.

170. La Cascade. A la plume (encre rouge).
L. 200. H. 145.

SOLIMÈNE ?

171. Groupe de Saints. Sépia.
L. 300. H. 205.

SWEBACH (attribué à Édouard)

172. Études de figures et de chevaux, 35 dessins en 1 alb. in-4° cart.

173. Un Campement. Plume et encre de chine.
L. 170. H. 106.

TIEPOLO (Domenico)

174. Le Retour d'Egypte. Plume et sépia.
H. 455. L. 350.

175. Figures allégoriques sur des nuages. A l'encre de chine.
H. 255. L. 190.

VALESIO ?

176. Buste d'Homme. Aux crayons de couleurs. Signé.
H. 270. L. 190.

VERDIER (François)

177. La Vie de la Vierge, par F. Verdier, peintre du Roy, frontispice et 54 dessins à l'encre de chine, réunis en 1 alb. gr. in-8 cart.

VÉRONÈSE (d'après Paolo)

178. Salomon et la Reine de Saba. Plume et encre de chine.

179. La Présentation au Temple. Sanguine.

VISSCHER (Corneille) ?

180. Portrait d'Homme. Crayon.
H. 158. L. 130.

WEIROTTER (F. E.)

181. Le Débarquement des marchandises. Plume et encre de chine.
L. 320. H. 240.

182. Sous ce numéro, il sera vendu des dessins non catalogués.

IMPRIMERIE

FRAZIER-SOYE

153-155-157, Rue Montmartre

PARIS

www.ingramcontent.com/pod-product-compliance
Ingram Content Group UK Ltd.
Pitfield, Milton Keynes, MK11 3LW, UK
UKHW020532180726
13839UKWH00005B/2460